westermann

Buchstabenheft 4

Grundschrift

Erarbeitet von der

Westermann-Grundschulredaktion

Unter beratender Mitwirkung von

Dominique Bielau
Elke Krutz
Insa Scheller
Sabine Wolff-Stamer

Illustriert von

Antje Hagemann
und Anke am Berg

Flex und Flora B

Deutsch inklusiv

Inhaltsverzeichnis

Seite

Au 

1

2

Au 

Au 

Au 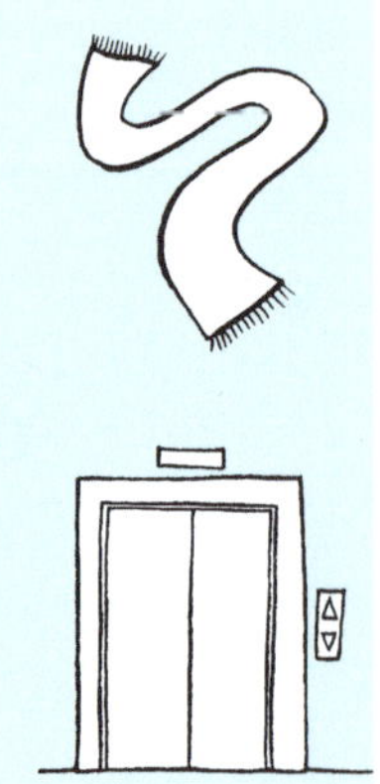

Au 

Au 

Au auditiv analysieren (Auto, Auge, Aufzug, Auspuff, Automat)

1

au

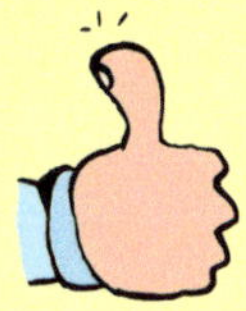

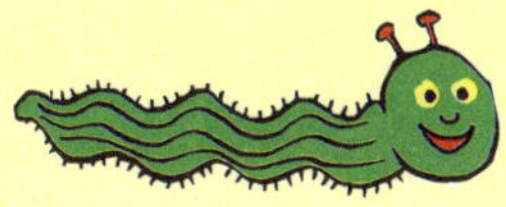

2

au

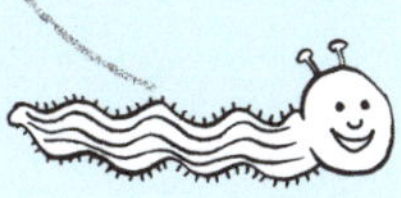
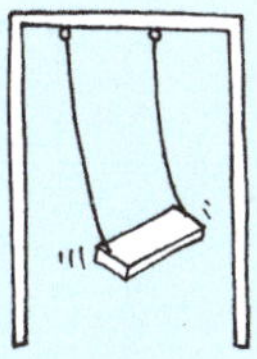

au

au

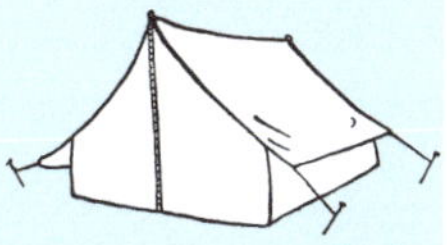

au

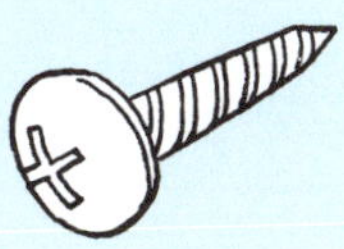

au

au

au auditiv analysieren (Raupe, Schaukel, Baum, Schraube, Pfau, Daumen)

Au

1

Au

1 2 3 4 5

2

Au Au Au

3

Au Au Au Au Au

Au Au

Au Au

1

au

2

au au au

3

au au au au au

au au

au au

Au

1

S	B	O	Au	Au	Au
F	O	B	Au	S	F
B	F	O	Au	O	B
Au	Au	Au	Au	F	S

2

Au S Au B O Au F Au S F Au O

O Au F B Au S O Au F S Au O Au

3

Au visuell diskriminieren

3 Wörter lesen

1

2

au t k au i g au t i au g k au

k au i g au t au g i au t au g

3

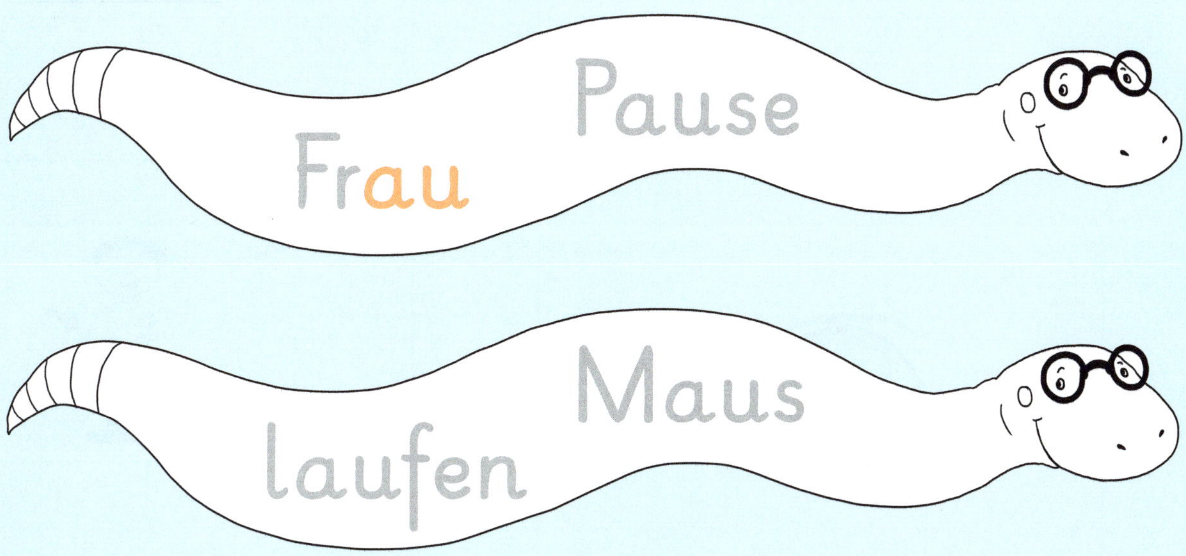

Au 

1

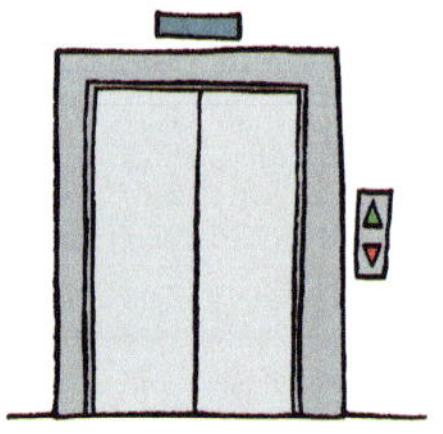

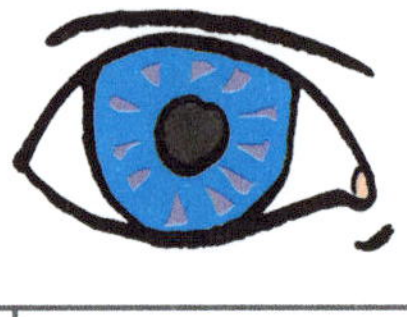

Au/au auditiv analysieren: Lautposition (Hubschrauber, Auto, Baum, Pfau, Aufzug, Auge, Bauch)

1

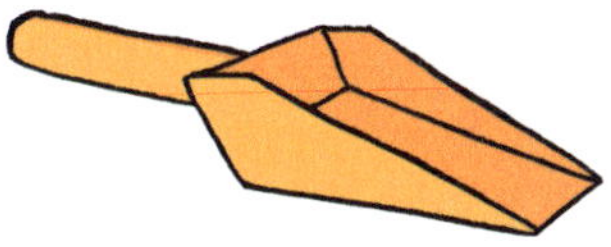

2

Silben schwingen und Au/au handlungsorientiert erarbeiten (Schaufel, Polizeiauto, Zaun, Weintrauben)

1 Selbstlaute in Silbenbögen schreiben

Au 

1

Tau

2

Laura

Frau

Frau

Laura

Frau

au

1

☐ Auto

☐ Sau

☐ raufen

☐ Mauer

2

☐ Lamas saufen.

☐ Emre ist im Auto.

3

auf

aus

1

2

P auditiv analysieren (Pirat, Pinsel, Pizza, Palme, Pinguin, Pullover)

1

2

1

2 →

1 ↕

P

2

P P P P

3

P P P P P P

P P

P P

P motorisch erfassen und schreiben

1

1 2 3

2

p p p p

3

p p p p p p

p p

p p

P

1

P	P	P	P	U	M
P	G	L	P	G	L
P	U	M	P	M	U
P	L	G	P	P	P

2

P G P L P U M P G P M U

M P U P P G L P G L P M

3

P visuell diskriminieren

3 Wörter lesen

1

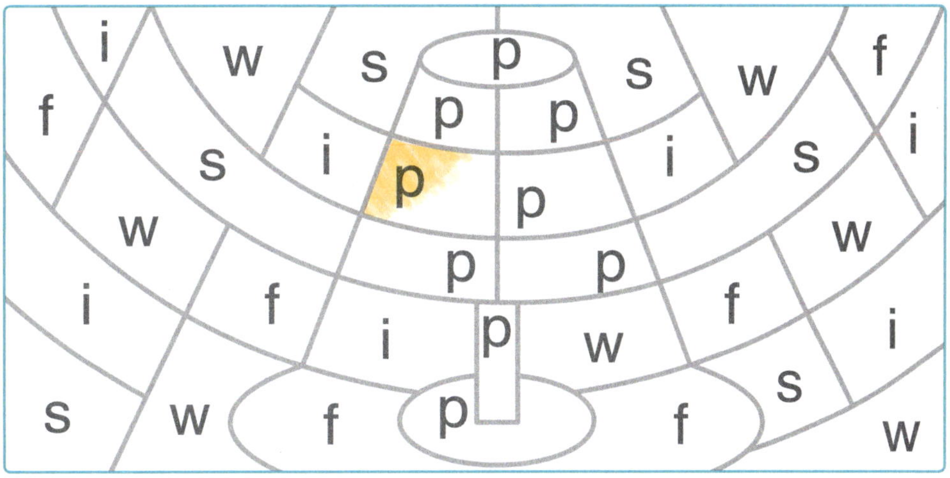

2

p i p f s w p f s p w i p

f p w s i p p w f p i f p s

3

P

1

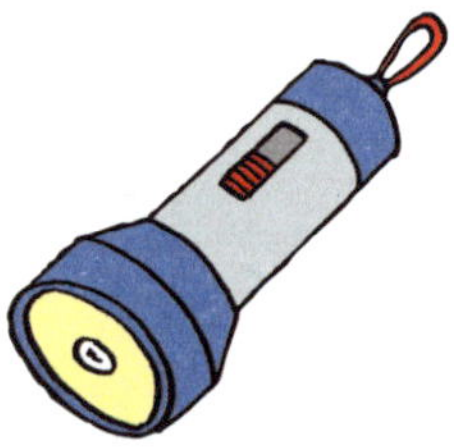

P/p auditiv analysieren: Lautposition (Trompete, Taschenlampe, Pilot, Mikroskop, Stempel, Polizeiauto, Pyramide)

1

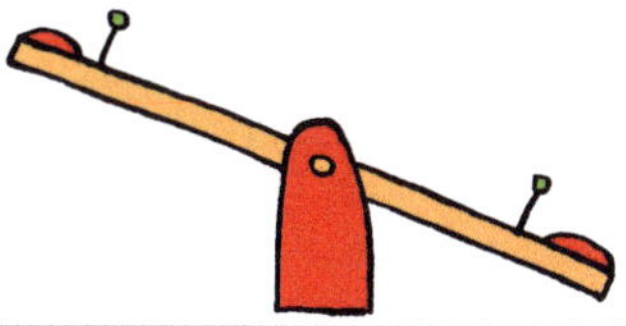

2

Silben schwingen und P/p handlungsorientiert erarbeiten (Papagei, Wippe, Pilz, Paprika)

1 Selbstlaute in Silbenbögen schreiben

P

1

2

Pina

Lupe

Lupe

Lupe

Pina

1

☐ Mama

☐ Papa

☐ Puppe

☐ Palme

2

☐ Pepe ist Pilot.

☐ Pia ist Piratin.

3

Pappe

Lampe

1

2

Ei auditiv analysieren (Eis, Ei, Eimer, Eichhörnchen, Eisbär, Eins)

1

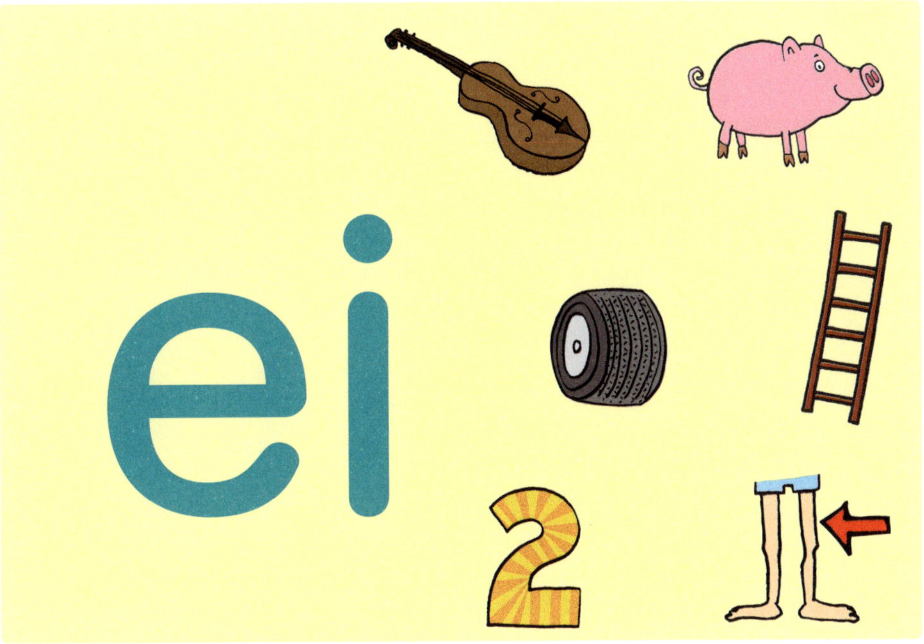

2

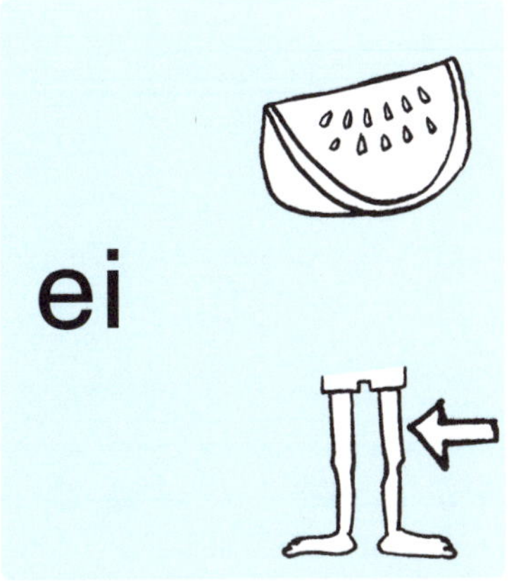

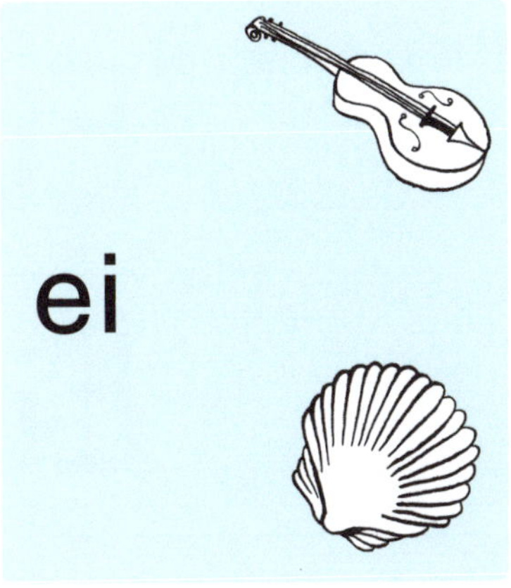

ei auditiv analysieren (Leiter, Bein, Schwein, Geige, Reifen, Zwei)

Ei 

1

Ei

2

Ei Ei Ei

3

Ei Ei Ei Ei Ei

Ei Ei

Ei Ei

1

4 • 3 2 1
ei

2

ei ei ei

3

ei ei ei ei ei
ei ei
ei ei

Ei 

1

O	M	K	J	Ei	Ei
K	J	O	M	Ei	J
J	M	K	O	Ei	O
Ei	Ei	Ei	Ei	Ei	M

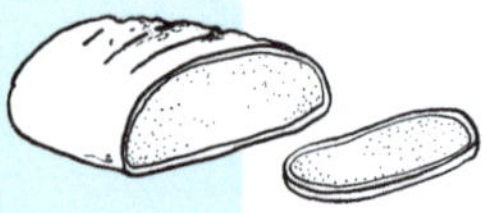

2

Ei O M Ei K S Ei M O Ei S Ei

O Ei S Ei M Ei O Ei S K Ei M

3

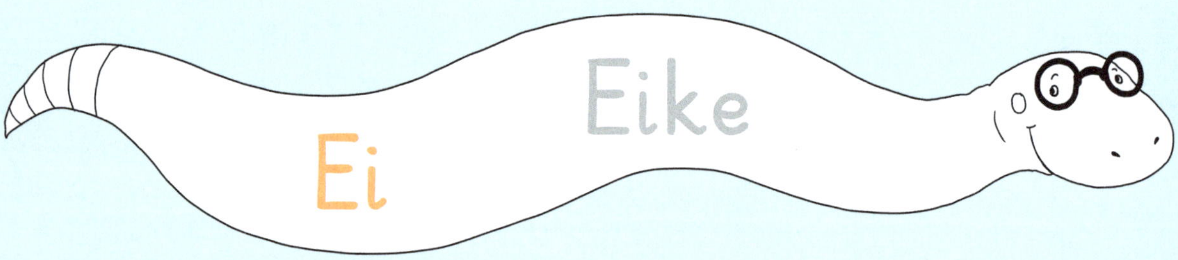

Ei visuell diskriminieren

3 Wörter lesen

1

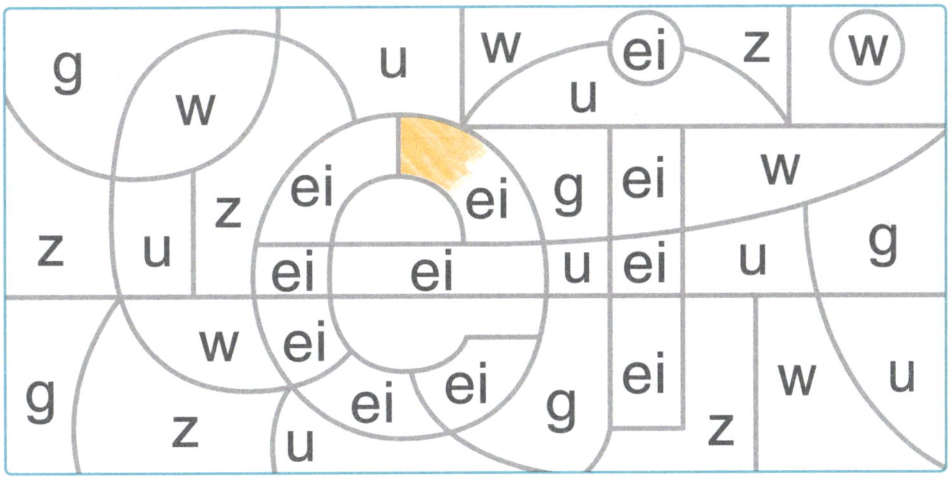

2

ei g w ei u z ei w z ei g ei

z u ei g ei z ei w ei g ei u

3

Ei

1

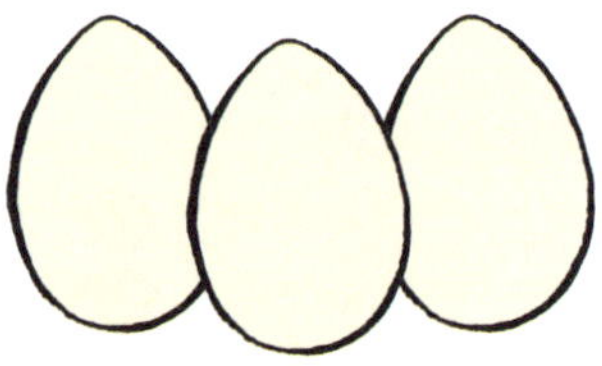

Ei/ei auditiv analysieren: Lautposition (Leine, Eimer, Pfeil, Heizung, Zwei, Eier, Ameise)

ei

1

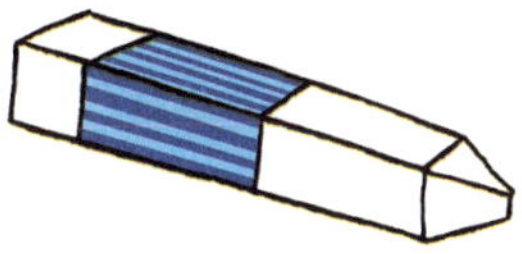

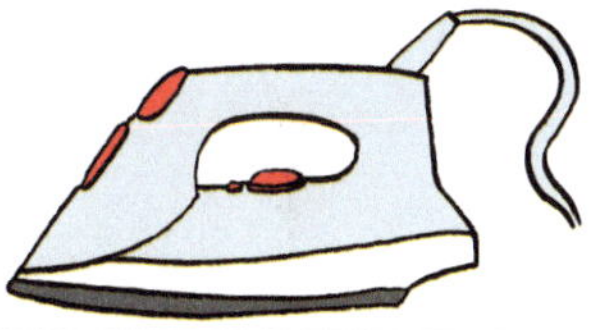

2

Silben schwingen und Ei/ei handlungsorientiert erarbeiten (Kreide, Bügeleisen, Schleife, Kleid)

1 Selbstlaute in Silbenbögen schreiben

1

2

Seite

Seite

Reise

Reise

Seite

1

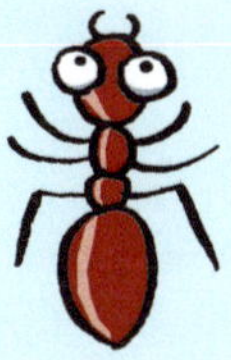

☐ leise

☐ Ameise

☐ Seil

☐ Leiter

2

☐ Leila isst ein Eis.

☐ Im Eimer ist Seife.

3

ein

seine

1

2

D auditiv analysieren (Dino, Dose, Delfin, Dach, Dusche, Daumen)

1

d

2

d

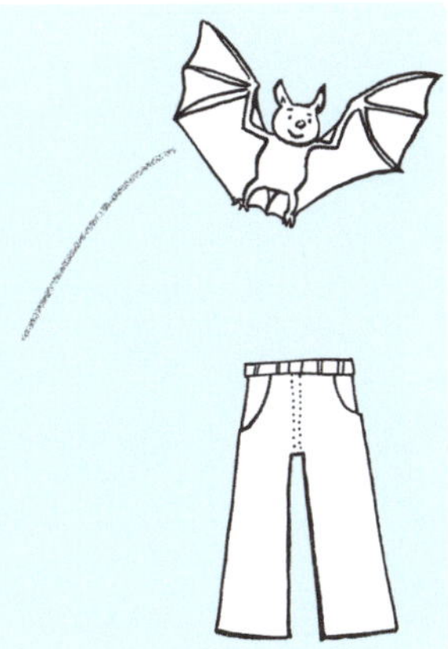

d

d

d

d

d

d auditiv analysieren (Fledermaus, Hunde, Nudeln, Mikado, Sandalen, Schokolade)

D

1

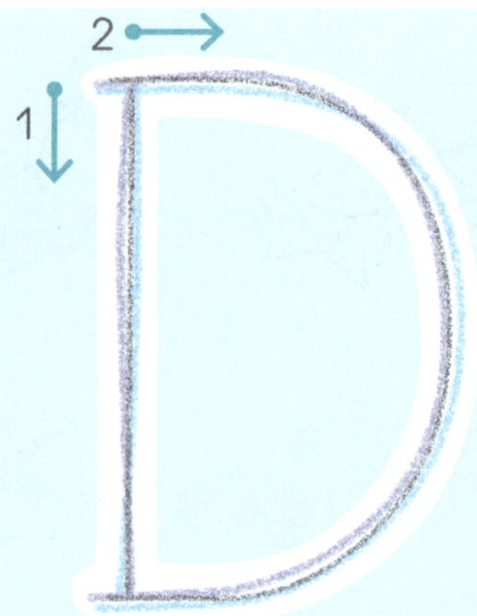

2

3

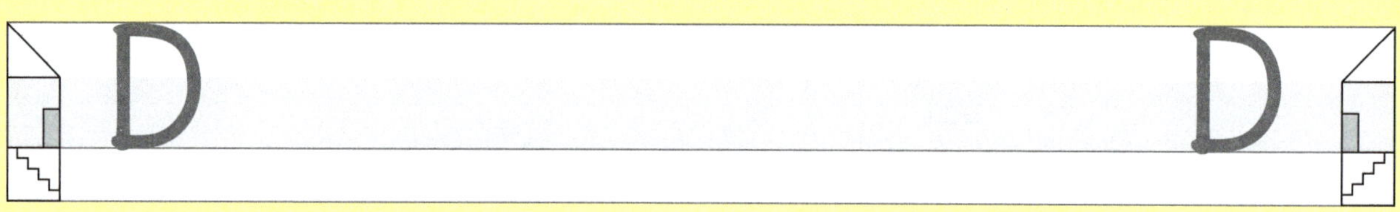

D motorisch erfassen und schreiben

1

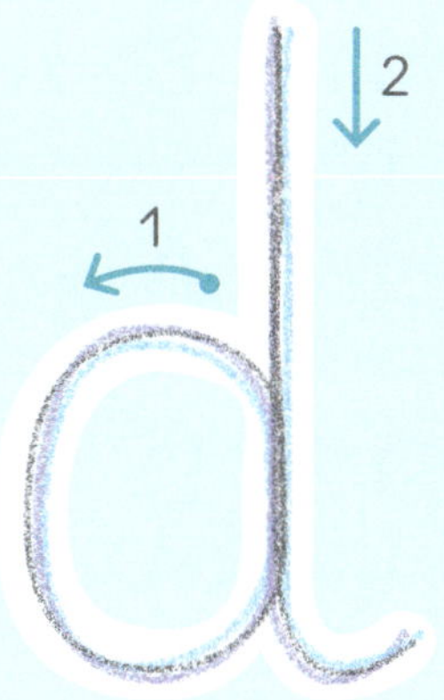

2

3

d d d d d d

d d

d d

D 

1

A	L	S	H	S	D
H	D	D	D	A	D
A	D	L	D	D	D
D	D	H	A	L	S

2

D A L D S H D L H D A S D

H S D L A D L D S D H A D

3

D visuell diskriminieren

3 Wörter lesen

1

2

d w z d i k d z i d k d w

k d w z d i w d z k d i d

3

D

1

D/d auditiv analysieren: Lautposition (Nadel, Kinderwagen, Delfin, Domino, Krokodil, Schokolade, Radio)

1

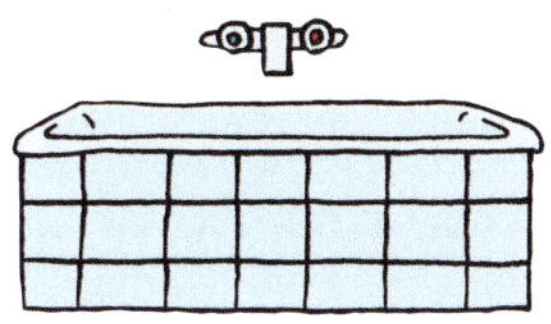

2

D

1

2

Radio

Domino

Radio

Radio

Domino

d

1

☐ Dose

☐ Ida

☐ Laden

☐ Nudel

2

☐ Doris ist im Dorf.

☐ Ein Dino ist im Ei.

3

Durst

das

Wörterliste

Wörter mit

Au au 

der Automat 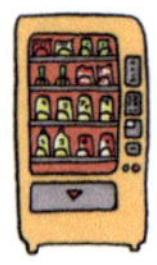

die Frau 

die Mauer 

Wörter mit

P p 

die Lupe 

der Opa 

die Palme 

der Papa 

die Puppe 

Wörter mit

Ei ei 

das Ei 

der Eimer 

die Leiter 

die Seife 

Wörter mit

D d 

das Domino 

die Dose 

die Nudeln 

SEIFE

Das kann ich jetzt

Ich kenne diese Buchstaben:

Ich kann Silbenbögen zeichnen:

Ich kann Ei/ei im Wort hören:

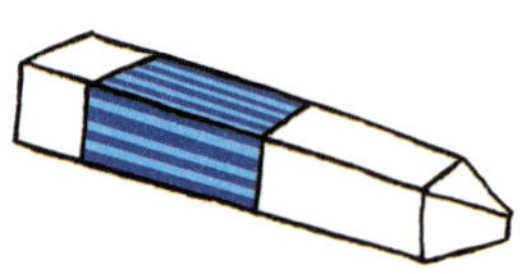

Ich kann Wörter und Sätze lesen:

☐ Ameise

☐ Radio

☐ laufen

☐ reiten

☐ Dora ist Pilotin.

☐ Papa malt Tulpen.

Ich kann Wörter in Lineatur schreiben:

Laus

Delfin

westermann GRUPPE

Druck A[1] / Jahr 2021
Alle Drucke der Serie A sind im Unterricht parallel verwendbar.

Redaktion: Cora Lange, Lisa Prückler, Katrin Teschner
Illustrationen: Antje Hagemann, Berlin; Anke am Berg, Bernau bei Berlin; Karoline Kehr, Hamburg; Visuelle Lebensfreude, Hannover; Illustration Lautgebärden: Giesela Fuhrmann, Hannover
Buchstabenfotos: kyas photography, Hannover
Umschlaggestaltung: Jennifer Kirchhof, unter Verwendung eines Schriftzugs von Gingco, Braunschweig, und einer Illustration von Karoline Kehr, Hamburg
Layout: Visuelle Lebensfreude, Hannover
Druck und Bindung: Westermann Druck GmbH, Georg-Westermann-Allee 66, 38104 Braunschweig

ISBN 978-3-14-**106615**-9